QUEM COMPARTILHA MULTIPLICA

FTD

Copyright © Fernando Carraro, 2022

Reprodução proibida: Art. 184 do Código Penal e Lei 9.610 de 19 de fevereiro de 1998.
Todos os direitos reservados à
EDITORA FTD
Rua Rui Barbosa, 156 – Bela Vista – São Paulo – SP
CEP 01326-010 – Tel. 0800 772 2300
www.ftd.com.br | central.relacionamento@ftd.com.br

Diretor-geral
Ricardo Tavares de Oliveira

Diretor de conteúdo e negócios
Cayube Galas

Gerente editorial
Isabel Lopes Coelho

Editor
Estevão Azevedo

Editoras assistentes
Bruna Perrella Brito e Carla Bettelli

Assistente de relações internacionais
Tassia Regiane Silvestre de Oliveira

Colaboração de conteúdo
Rosa Visconti

Coordenador de produção editorial
Leandro Hiroshi Kanno

Preparadora
Marina Nogueira

Revisoras
Aurea Santos e Patrícia Cordeiro

Editores de arte
Camila Catto e Daniel Justi

Projeto gráfico
Estúdio Rebimboca

Diretor de operações e produção gráfica
Reginaldo Soares Damasceno

Dados Internacionais de Catalogação na Publicação (CIP)
(Câmara Brasileira do Livro, SP, Brasil)

Carraro, Fernando
    Quem compartilha multiplica / Fernando Carraro;
ilustrações de Bernardo França. — 1. ed. —
São Paulo: FTD, 2022.

    ISBN 978-85-96-03678-8

    1. Literatura infantojuvenil I. França, Bernardo.
II. Título.

22-116206   CDD-028.5

Índices para catálogo sistemático:
1. Literatura infantojuvenil 028.5
2. Literatura juvenil 028.5

Cibele Maria Dias – Bibliotecária – CRB-8/9427

QUEM COMPARTILHA MULTIPLICA

Fernando Carraro

Ilustrações de **Bernardo França**

1ª edição

FTD

São Paulo — 2022

> Eu procurei entender
> qual a receita da fome,
> quais são seus ingredientes,
> a origem do seu nome.
> Entender também por que
> falta tanto o "de comê",
> se todo mundo é igual,
> chega a dar um calafrio
> saber que o prato vazio
> é o prato principal.

Do poema "Fome", de Bráulio Bessa, poeta, cordelista, declamador e palestrante brasileiro.

> Os alimentos jogados no lixo
> são alimentos roubados da
> mesa do pobre, de quem tem
> fome. A ecologia humana
> e a ecologia ambiental são
> inseparáveis.

Papa Francisco, durante celebração do Dia Mundial do Meio Ambiente, 5 de junho de 2013.

[...] a política mundial não pode deixar de colocar entre seus objetivos principais e irrenunciáveis o de eliminar efetivamente a fome. Com efeito, "quando a especulação financeira condiciona o preço dos alimentos, tratando-os como uma mercadoria qualquer, milhões de pessoas sofrem e morrem de fome [...]. A fome é criminosa, a alimentação é um direito inalienável" [...].

Papa Francisco. *Carta Encíclica Fratelli Tutti*, n. 189, outubro de 2020.

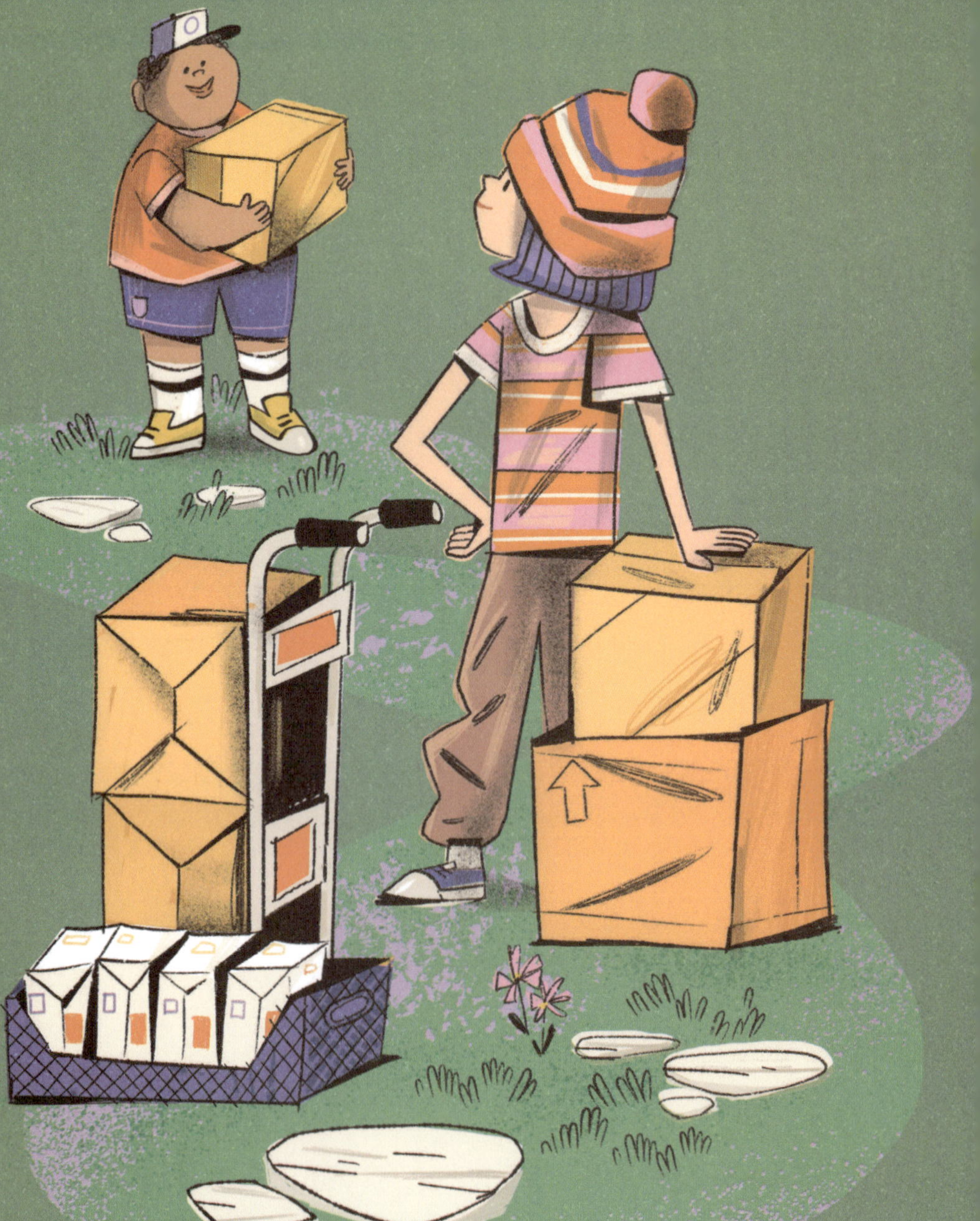

Sumário

9	Um novo ano começa
12	A fome aniquila, a fome mata!
16	Retrato da fome no Brasil
20	Roda de conversa
22	O projeto
24	O que fazer?
26	Enquanto isso, na sala dos professores...
27	A multiplicação dos pães
30	As produções de texto
36	Combatendo o desperdício
38	A Semana da Alimentação
42	O sarau literário
46	Epílogo

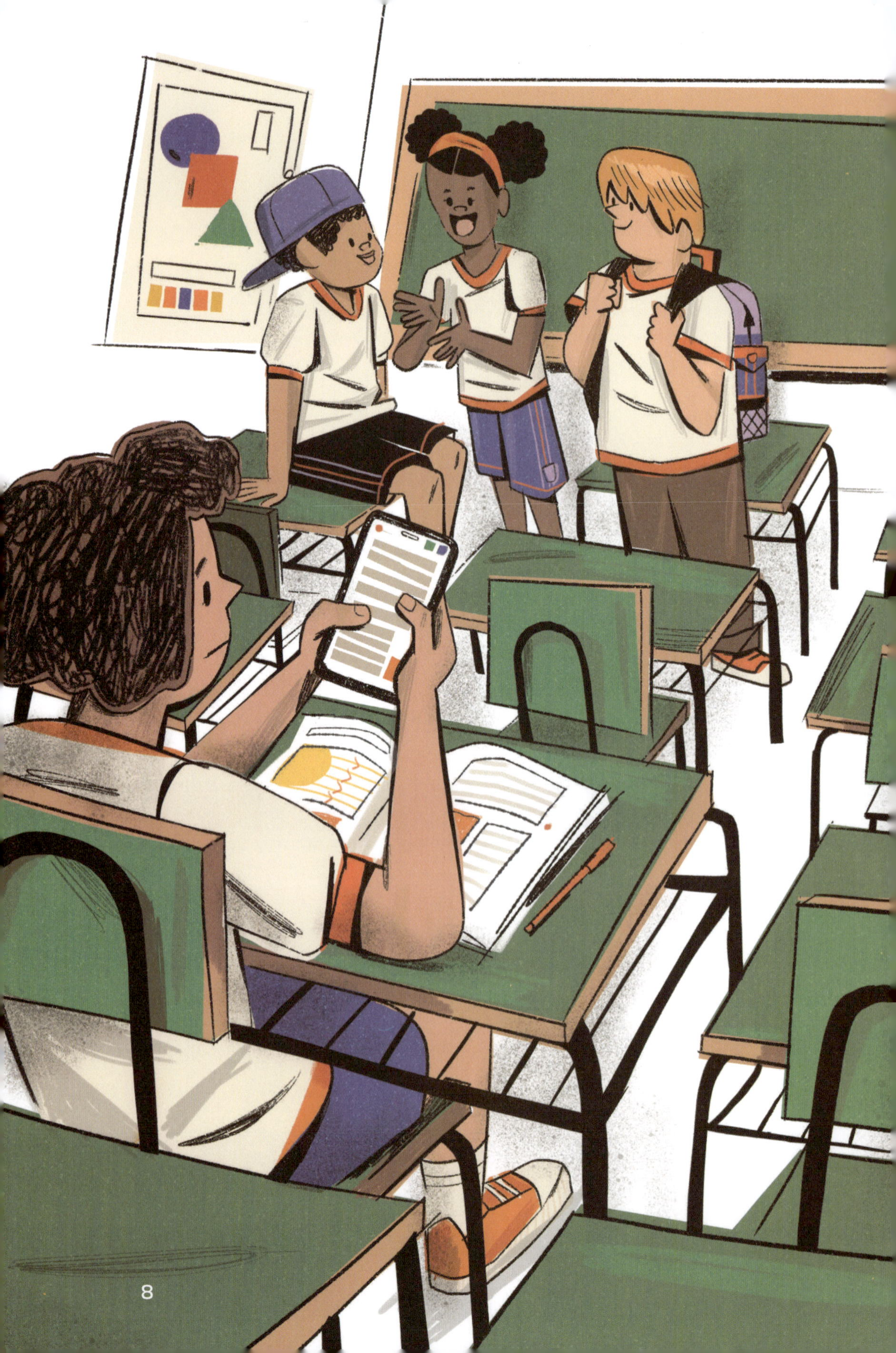

ano começa

...olégio indicando o início das aulas. Aquele era ... um novo ano letivo, e toda a turma estava entusiasm... reencontrar os amigos e colegas de sala. Enquanto o profes... de Geografia não chegava, alguns alunos conversavam entre si e outros mexiam no celular.

Mariana era uma das que estavam com os olhos perdidos no celular. Ela arrastava os dedos na tela de forma quase automática, quando uma foto em uma rede social chamou a sua atenção:

— Meu Deus... Meu Deus do céu! — exclamou, despertando o interesse dos colegas que estavam perto. — Vejam isso! Olhem só essa imagem...

Alguns alunos se aproximaram para ver o que ela estava mostrando.

A foto representava uma tragédia. Uma tragédia chamada "fome". A imagem trazia pessoas catando carcaças com restos de carne, na caçamba de um caminhão.

— Eu me lembro dessa foto. Saiu na capa de um jornal — comentou João Guilherme. — É muito triste mesmo...

A foto já havia circulado nos jornais e redes sociais em 2021, quando a pandemia da covid-19 vitimava milhares de pessoas por dia no Brasil e no mundo, e a crise econômica em decorrência dessa conjuntura castigava sobretudo as camadas mais pobres da população.

— Pois é... — disse Laura. — É muito triste saber que existem pessoas vivendo assim.

— Manda a foto no grupo da sala, Mari — pediu Gustavo.

Ela enviou. Os alunos que formavam outra rodinha receberam a mensagem e abriram a foto no celular. As reações foram de choque e tristeza.

Nesse instante, o professor Marcelo, de Geografia, entrou na sala de aula.

— Bom dia, pessoal! Vejo que vocês já estão instalados e botando o papo em dia — disse, enquanto arrumava seus livros e cadernos na mesa.

Os alunos estavam tão focados na foto compartilhada que nem perceberam a chegada do professor. Marcelo viu que a turma estava agitada, então elevou um pouco a voz e reforçou a saudação:

— Bom dia, turma! Por favor, tomem seus lugares que a aula de Geografia já vai começar.

Eduardo, um dos alunos da turma, pediu desculpas em nome de todos:

— Foi mal, professor. É que a gente estava conversando sobre uma foto que a Mari mandou no grupo...

— Que foto? — perguntou Marcelo, preocupado.

— Esta aqui — disse Eduardo, esticando o braço para mostrar a imagem no celular.

O professor observou a imagem por alguns segundos e falou:

— Essa foto é um retrato trágico da fome. Uma imagem como essa, que revela uma situação de extrema pobreza e desespero, nos motiva a tomar uma atitude, vocês não acham? — perguntou à turma.

— Sim! — disseram os alunos em coro.

— Que tal se a gente trabalhasse com o tema da fome nas próximas aulas? Como professor de Geografia, consigo adaptar parte das nossas aulas para debatermos esse assunto, que pode servir de pontapé inicial para diversos conceitos que vocês aprenderão neste ano.

— Ótima ideia, professor! — disse Cristina. — Fiquei olhando para a foto e senti mesmo uma vontade muito forte de ajudar, de fazer alguma coisa... Mas não sei nem por onde começar — lamentou a aluna.

— Vamos fazer um círculo com as carteiras? Assim conseguimos nos ver e ouvir melhor enquanto debatemos — orientou o professor.

Depois de um pequeno tumulto para organizar a sala, o círculo ficou pronto.

— Perfeito! — exclamou Marcelo, vendo os alunos já acomodados.

Ele se juntou à roda e disse:

— Sei que vocês ainda são jovens, mas que nem por isso deixam de sonhar com um mundo melhor e mais justo para todos, não é mesmo? Penso que o primeiro passo para tentar resolver um problema é saber que ele existe, conhecê-lo e estudá-lo. Por isso, é importante que a gente conheça o perfil das pessoas que passam fome e que tenhamos empatia por elas.

— Professor, ter empatia é sentir a dor dos outros, certo? — disse Rafaela, solicitando a confirmação do professor.

— Exatamente. Empatia é isto mesmo: saber se colocar no lugar do outro, sentir a dor do outro.

A fome aniquila, a fome mata!

O professor Marcelo se levantou, foi até a lousa e falou para a turma:

— Tenho algumas anotações de pesquisas, leituras e reportagens que mostram a gravidade da fome e que poderão esquentar a nossa roda de conversa.

Então Marcelo começou a ler um texto e anotar algumas informações-chave na lousa. Os alunos foram copiando no caderno.

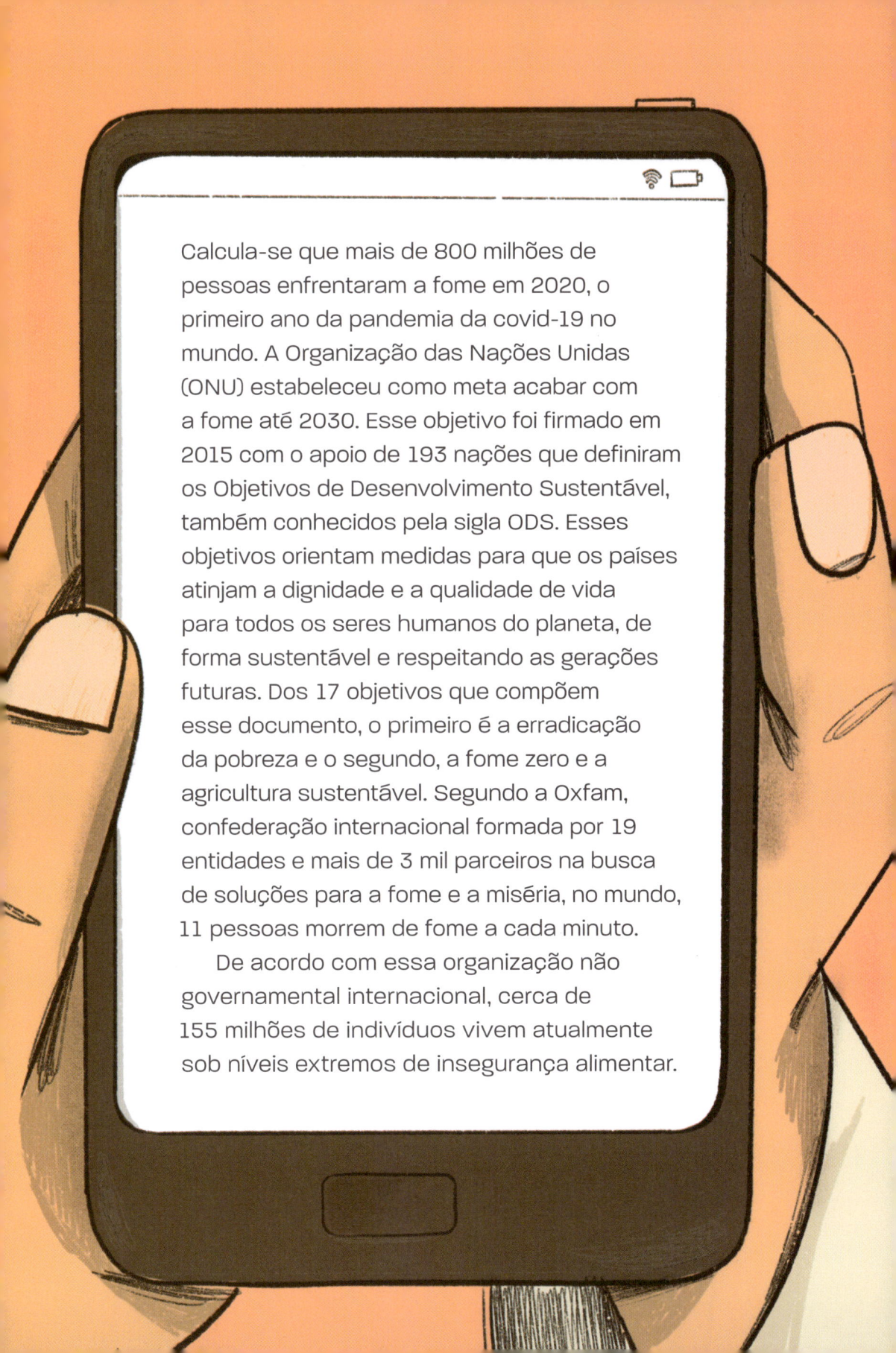

Calcula-se que mais de 800 milhões de pessoas enfrentaram a fome em 2020, o primeiro ano da pandemia da covid-19 no mundo. A Organização das Nações Unidas (ONU) estabeleceu como meta acabar com a fome até 2030. Esse objetivo foi firmado em 2015 com o apoio de 193 nações que definiram os Objetivos de Desenvolvimento Sustentável, também conhecidos pela sigla ODS. Esses objetivos orientam medidas para que os países atinjam a dignidade e a qualidade de vida para todos os seres humanos do planeta, de forma sustentável e respeitando as gerações futuras. Dos 17 objetivos que compõem esse documento, o primeiro é a erradicação da pobreza e o segundo, a fome zero e a agricultura sustentável. Segundo a Oxfam, confederação internacional formada por 19 entidades e mais de 3 mil parceiros na busca de soluções para a fome e a miséria, no mundo, 11 pessoas morrem de fome a cada minuto.

    De acordo com essa organização não governamental internacional, cerca de 155 milhões de indivíduos vivem atualmente sob níveis extremos de insegurança alimentar.

CENÁRIO MUNDIAL

2020: início da pandemia (covid-19)

800 MILHÕES de pessoas passam fome

ONU: acabar com a fome até **2030**

11 PESSOAS morrem de fome a cada **MINUTO**

Quando concluiu a leitura e as anotações na lousa, o professor voltou para a roda. Foi quando Valentina perguntou:

— Não é estranho, professor, que o nosso planeta tenha tantos recursos naturais e que ainda assim exista gente passando fome? São 11 mortos de fome por minuto! Não consigo entender isso. Se tem tanto lugar para plantar, cultivar alguma coisa, por que a fome continua sendo uma realidade?

— Pois é, Valentina — respondeu Marcelo. — O problema é que, como bem disse Mahatma Gandhi, o grande líder pacifista indiano, "A Terra tem recursos suficientes para prover às necessidades de todos, mas não à avidez de alguns". Possivelmente Gandhi tinha razão: grande parte do problema que provoca a fome no mundo talvez seja mesmo a avidez, isto é, a ganância, a cobiça, que gera justamente a má distribuição dos bens e recursos existentes.

Retrato da fome no Brasil

A discussão sobre a fome continuava na aula de Geografia.

— Professor, tem algum dado específico sobre a fome no Brasil? — perguntou João Eduardo.

— Ótima pergunta, João! O senso comum nos faz pensar que a fome é um fenômeno local, que acontece só em algumas regiões e em lugares específicos, não é mesmo? Mas a realidade é que a insegurança alimentar existe em todo o mundo, em maior ou menor grau — explicou ele.

— Insegurança alimentar? O que é isso, professor? — perguntou Lucca.

— A insegurança alimentar é um termo usado para definir uma situação precária de alimentação. Ocorre quando as pessoas não têm certeza se terão acesso à comida em quantidade e qualidade suficientes para a própria sobrevivência — explicou Marcelo. — Segundo os critérios da Escala Brasileira de Insegurança Alimentar (EBIA), adotados pelo Instituto Brasileiro de Geografia e Estatística (IBGE), a insegurança alimentar é classificada em três níveis: leve, quando há perda de qualidade de alimentação; moderada, quando o acesso à alimentação é incerto; ou grave, quando não há acesso.

O professor prosseguiu:

— Os índices de segurança alimentar melhoraram no Brasil em 2014, com o amplo alcance do Programa Bolsa Família. Um estudo do Instituto de Pesquisa Econômica Aplicada, o Ipea, baseado em dados de 2001 a 2017, mostrou que, no decorrer de quinze anos, esse programa governamental reduziu a pobreza em 15% e a extrema pobreza, em 25%.

— Nossa, professor! E os últimos dados são só de 2017? Não tem nada mais atualizado? Porque eu imagino que a pandemia tenha mudado muita coisa, não? — comentou Felipe.

— É verdade. A pandemia mudou o cenário da fome no Brasil e no mundo. Um levantamento realizado pela Rede Brasileira de Pesquisa em Soberania e Segurança Alimentar e Nutricional, em outubro de 2021, indicou que, no total, 19,1 milhões de cidadãos brasileiros passaram fome naquele ano — contou Marcelo. — Isso representa 9% da população brasileira!

O professor se levantou novamente e apontou para o mapa do Brasil que estava afixado na parede da sala de aula.

— O levantamento feito por essa instituição é interessante porque mostra os números por região do país, analisando populações que vivem nas cidades e também no campo. A região Norte, por exemplo — disse Marcelo enquanto apontava no mapa —, tinha 2.849.319 pessoas em situação de insegurança alimentar grave em 2021. Já as regiões Sul e Sudeste tinham, juntas, 7.453.958 pessoas nessa mesma condição. A região Nordeste, 7.684.981, e a Centro-Oeste, 1.146.298 pessoas, todas elas vivendo uma situação de insegurança alimentar grave.

Diferentes graus de insegurança alimentar no Brasil

Publicada em uma pesquisa da Rede Brasileira de Pesquisa em Soberania e Segurança Alimentar e Nutricional, a tabela a seguir mostra os diferentes graus de insegurança alimentar e o número de pessoas em cada uma dessas categorias em todo o Brasil.

Número de moradores de domicílios em segurança e insegurança alimentar

Macrorregiões	Total	Segurança alimentar	Insegurança alimentar leve	Insegurança alimentar moderada	Insegurança alimentar grave
Brasil	211.752.656	94.910.100	73.423.348	24.284.652	19.134.556

Grandes regiões	Total	Segurança alimentar	Insegurança alimentar leve	Insegurança alimentar moderada	Insegurança alimentar grave
Norte	15.784.923	5.821.979	4.893.907	2.219.719	2.849.319
Nordeste	55.830.694	15.708.938	22.944.801	9.491.974	7.684.981
Centro-Oeste	16.512.384	7.716.552	5.715.511	1.934.023	1.146.298
Sudeste/Sul	123.624.655	65.662.631	39.869.129	10.638.937	7.453.958

Fonte: Inquérito nacional sobre insegurança alimentar no contexto da pandemia da covid-19 no Brasil (2021).

Observe que o direito à alimentação adequada chegou para menos da metade da população brasileira em 2021, ou seja, a 44,8% da população.

De acordo com a pesquisa, a insegurança alimentar grave foi mais incidente nas áreas rurais, atingindo o equivalente a 12% da população, enquanto nas regiões urbanas, onde vivem pouco mais de 181 milhões de pessoas, atingiu 8,5% da população.

Os alunos ficaram chocados com os números.

— A gente podia aproveitar essa roda de conversa para pensar em algum projeto que nós, como escola, pudéssemos colocar em prática, né, professor? — sugeriu Milena.

— Boa ideia, Milena — comentou Maria Eduarda. — O que precisamos é de soluções, porque os problemas já estão aí.

O professor Marcelo ficou muito feliz com o envolvimento e a preocupação dos alunos.

— Então — disse ele —, faço a seguinte pergunta a vocês: que medidas concretas estão ao nosso alcance para combatermos a fome?

Roda de conversa

Depois de os alunos se entreolharem, Valentina venceu a timidez e foi a primeira a opinar:

— Professor, vi aqui na internet que existe um Dia Mundial da Alimentação. Ele é celebrado no dia 16 de outubro. E se a gente fizesse alguma campanha aqui na escola ou no bairro tomando como base essa data?

— Muito bom! — respondeu o professor. — A gente podia aproveitar para fazer uma semana inteira de atividades relacionadas ao combate à fome, envolvendo toda a comunidade escolar: professores, alunos, funcionários e até as famílias.

— Tive uma ideia! Podemos organizar um sarau literário com a professora Míriam, de Língua Portuguesa, e pedir doações de alimentos para quem for participar ou assistir — sugeriu Luana.

— Isso! Podemos lançar a Semana da Alimentação na escola! — exclamou Mirella.

— Curti as propostas. Durante o ano, podemos fazer doações de cestas básicas — emendou Maria Eduarda.

— Boa ideia! As pessoas comem todos os dias, então seria interessante ofertar cestas básicas todos os meses — completou Felipe.

— No supermercado onde meus pais costumam fazer as compras tem uma campanha permanente de doação de alimentos: os clientes depositam suas ofertas numa caixa e, depois, os funcionários encaminham os produtos para uma organização não governamental, uma ONG que direciona as doações às pessoas mais necessitadas. Meus pais sempre doam algum alimento quando fazem compras. É uma forma prática de colaborar — contou Henrique.

— Nossa! Estou impressionado com as ideias que estão surgindo — comentou o professor. — Vejo que vocês estão muito animados. Mas não se esqueçam de que, para realizar tudo isso, vamos ter muito trabalho. Então, a partir de agora, precisamos nos concentrar no nosso objetivo.

O sinal tocou, indicando o término da aula.

O projeto

Na próxima aula do professor Marcelo, a turma apresentou sugestões para a Semana da Alimentação. Ele mal havia entrado na sala, e os alunos já começaram a falar:

— Professor, pensamos em começar gravando vídeos para mostrar os dados daquela pesquisa que o senhor trouxe na semana passada. Daí a gente posta nas redes sociais e convoca todo mundo! — sugeriu Lorena.

— Isso! Mas, se a gente quiser conquistar o apoio das pessoas para o nosso projeto, temos que ir além: não podemos só apresentar dados, precisamos sensibilizar as pessoas para o problema da fome — argumentou Miguel.

— Eu acho que tem muita gente disposta a ajudar. Só precisamos dar um empurrãozinho. Enquanto a gente tem o que comer, muitos passam fome ou até morrem de fome — falou Maria Vitória.

— É muito triste saber que isso acontece num planeta com tanta fartura e que a gente vai se acostumando com essa situação, se tornando insensível e indiferente à pobreza e à miséria que moram ao nosso lado — desabafou Maria Luísa.

— Com certeza! Tem mãe que coloca o filho que chora de fome para dormir porque não tem comida para dar a ele, ou que deixa de se alimentar para dar de comer ao filho, ou que dá água com açúcar a ele para enganar a fome — emendou Maria.

— Se a humanidade é uma família, nada disso deveria acontecer — completou Liliane.

— Mas, infelizmente, acontece. E por quê, professor?! — perguntou, indignado, Tasso.

Marcelo respondeu:

— São muitos os motivos, Tasso: o desemprego, o egoísmo, a falta de interesse e de sensibilidade da sociedade, a desigualdade social... Sem contar os problemas climáticos, não é mesmo?

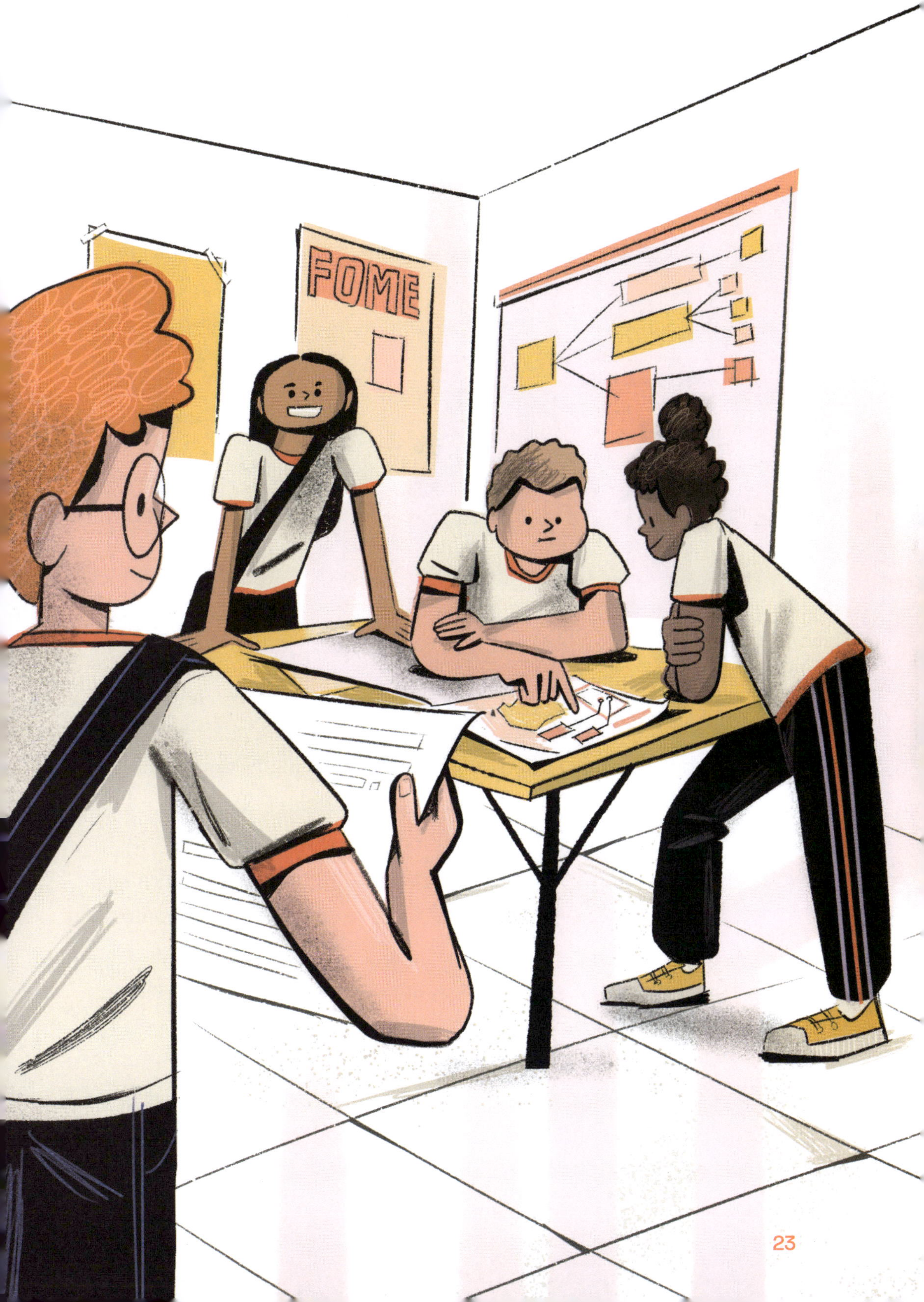
FOME

O que fazer?

Depois de anotar em um caderno as sugestões dos alunos, Marcelo se comprometeu a levar as ideias para os demais professores e para a direção da escola. Em seguida, incentivou a turma:

— É evidente que algumas soluções para combater a fome competem mais aos órgãos públicos e às organizações internacionais, mas sempre podemos fazer alguma coisa, principalmente quando nos unimos.

— Isso! Vamos começar com pequenas metas, para que elas nos preparem para tantas outras grandes! — vibrou Júlia.

— Primeiro vamos focar nos vídeos — propôs Francisco. — Nossa estratégia será tocar o coração das pessoas. Além dos dados daquele levantamento, podemos buscar poemas ou músicas que tratem da fome.

— Professor, além dos vídeos, o que você acha de escrevermos mensagens e poemas sobre a fome em cartazes e faixas e colarmos pelo bairro? — sugeriu Carlos.

— A ideia é ótima — respondeu Marcelo. — Seria mais uma maneira de chamar a atenção da comunidade para essa questão. Mas preciso validar com a diretoria e saber se temos autorização da prefeitura para fazer isso.

— Podemos também sair nas ruas exibindo faixas com pedidos de apoio e fazer um panelaço para chamar a atenção das pessoas — falou Pedro Miguel.

— As ideias são ótimas! — comentou Marcelo, animado. — Então chegou a hora de usarmos nossa imaginação e criatividade. Cada um vai ordenando suas ideias e pensando em uma forma de colocá-las em prática. Estou muito, mas muito orgulhoso de vocês, turma.

E assim foi. Ao longo dos dias, reunidos em pequenos grupos, ora dentro, ora fora da escola, mensagens e poesias iam aparecendo e sendo transformadas em vídeos, que passaram a circular nas redes sociais da escola e também de estudantes, professores e funcionários.

Uma das mensagens dizia:

> Se você deseja um mundo melhor, junte-se a nós! Nosso objetivo é combater a fome. Se você tem o que comer, não feche os olhos para quem não tem. Lembre-se de que uma pequena contribuição pode salvar uma vida. Acabar com a fome é um compromisso de todos! ♥

Enquanto isso, na sala dos professores...

Como toda a escola havia se mobilizado para construir o projeto da Semana da Alimentação e trazer o tema da fome para dentro da comunidade escolar, a professora Míriam, de Língua Portuguesa, também estava trabalhando o assunto em suas aulas, assim como a professora Cláudia, de Ensino Religioso.

Certo dia, as duas se encontraram na sala dos professores e, enquanto tomavam um café antes da aula, acabaram comentando sobre os projetos relacionados à Semana da Alimentação:

— Com meus alunos, Cláudia, estou montando um sarau literário para tratarmos da fome. Pedi a eles que redigissem um conto, crônica, fábula ou poesia sobre o tema — explicou Míriam.

— Que legal! Sabe uma coisa que fiquei pensando? Não dá para falar de combate à fome e não pensar na repartição dos pães feita por Jesus. Pensei em abordar essa história nas minhas próximas aulas. Acho que pode inspirar os alunos! — disse Cláudia, empolgada.

— Ótima ideia! — concordou a colega. — Por que não tratamos desse assunto juntas? Você pode vir à minha aula e contar a história da multiplicação dos pães. Assim os alunos poderão incluir esse belo exemplo de partilha nas produções de texto que farão.

Cláudia adorou a ideia, e as duas se organizaram para isso.

A multiplicação dos pães

Dias depois, na aula de Língua Portuguesa:

— Olá, turma! Hoje teremos uma aula um pouco diferente — disse Míriam. — Como vocês estão produzindo os textos sobre a fome, convidei a professora Cláudia para nos contar uma história bastante inspiradora.

— Oi, gente! Então, a história que vou contar é conhecida como "O milagre da multiplicação dos pães" e tem tudo a ver com o tema da fome: dar de comer a quem tem fome.

Cláudia começou a ler a história para os alunos:

Jesus tinha atravessado o lago de Genesaré, também conhecido como mar da Galileia, e, chegando à outra margem do lago, subiu o morro.

Por causa dos milagres que Jesus vinha realizando, ele era sempre seguido por uma multidão de pessoas, simples e pobres, que queriam ouvir seus ensinamentos ou buscavam cura para suas doenças.

Naquele dia, quando seus discípulos perceberam que a hora já era adiantada, disseram a Jesus:

— Mestre, este lugar é despovoado e já é tarde. Despede as pessoas para irem às aldeias vizinhas comprar algum alimento, pois estão com fome e cansadas.

Mas Jesus foi enfático ao responder-lhes:

— Não! Dai-lhes vós mesmos de comer.

Eles insistiram:

— Mestre, não temos condições de comprar comida para dar de comer a tanta gente.

Nesse momento, um dos discípulos alertou que havia ali um menino com cinco pães de cevada e dois peixinhos. Jesus então pediu que lhe trouxessem os pães e os peixes, ordenando a todos que se sentassem na relva verde.

Jesus tomou os cinco pães e os dois peixes e, elevando os olhos ao céu, abençoou-os, partiu-os e deu-os aos seus discípulos para que os servissem ao povo. As cerca de cinco mil pessoas que estavam ali se alimentaram fartamente.

Ao final da refeição compartilhada, Jesus pediu aos discípulos que recolhessem as sobras para que nada se perdesse. Eles encheram doze cestos com pães e peixes.

— Essa história da multiplicação dos pães nos traz alguns ensinamentos — disse Cláudia. — **Primeiro:** sabendo que as pessoas estavam com fome, Jesus tomou uma grande atitude, disse "não" ao pedido de mandá-las embora. Se estavam com fome, precisavam, portanto, ser alimentadas! Ele não ignorou, não se omitiu, não se alienou, não demonstrou insensibilidade ou indiferença. Diante daquela situação, Jesus tomou uma atitude.

Cláudia continuou:

— **Segundo:** aquele menino, ao dar os cinco pães e os dois peixinhos, doou tudo o que tinha. Isso nos ensina que o pouco que damos pode se multiplicar! Jesus multiplicou por mil aquela pequena doação, que fez toda a diferença e transformou o insuficiente em suficiente.

Ela concluiu:

— **Terceiro:** Jesus pede que se recolham as sobras para que nada se perca. Aí está outro ensinamento, relacionado ao desperdício de comida.

Os alunos ficaram em silêncio, refletindo sobre a história. Mais tarde, quando voltaram para casa, tinham uma grande inspiração para seus textos.

As produções de texto

Ao longo da semana seguinte, a professora Míriam leu todas as produções de texto e as devolveu anotadas aos alunos, para que pudessem corrigir e refazer o que fosse preciso.

Chegara, enfim, a data de entrega. Esta seria outra aula especial, novamente com a participação de Cláudia, a professora de Ensino Religioso.

— Bom dia, turma! — cumprimentou Míriam. — Todos trouxeram as produções corrigidas? Como podem ver, a professora Cláudia veio apreciar os resultados.

Os alunos confirmaram. Alguns responderam que "sim", outros só sinalizaram com a cabeça. Míriam continuou:

— Desta vez, vamos fazer algo diferente. Quem gostaria de ler para os colegas o texto que escreveu?

Cristina se ofereceu para ser a primeira. Levantou-se e foi até a frente da sala:

— Para fazer este poema, eu me inspirei em uma frase que li.

O PÃO

Eu vejo no pão a força de quem trabalha,
eu vejo no pão o gesto da partilha e a união da família,
eu vejo no pão o sol e a chuva,
eu vejo no pão o milagre da semente, do solo e da vida.
Sejamos gratos à mãe natureza, que tudo nos dá sem nada
cobrar, exigindo apenas respeito, amor e carinho,
e ao pão, que mata a nossa fome e a daqueles
com quem o partilhamos,
porque quem ama compartilha e quem compartilha, multiplica!

Bastante aplaudida, Cristina agradeceu o carinho dos colegas.
— Muito bem, Cristina — elogiou Míriam, emendando: — Quem é o próximo? Raul, por que você não lê o seu texto?
— Professora, vou fazer um relato de um fato que aconteceu com dois pilotos que se perderam na floresta Amazônica. Achei essa história na internet e decidi pesquisar mais sobre ela.

A TRAGÉDIA COM O CESSNA 140

Para mostrar como a fome mata, vou contar um fato que aconteceu em 1960 com dois pilotos que estavam sobrevoando a selva amazônica, no lado da Bolívia, em um pequeno avião, um Cessna 140. Depois de terem se perdido sobrevoando a selva e, ainda por cima, sem combustível, os dois foram obrigados a fazer um pouso de emergência em uma clareira da mata. Sem condições de saírem dali, precisaram esperar por socorro.

Os dias foram passando, e a situação se agravando diante da falta de água e de comida. A sede e a fome começaram a castigar os pilotos, que, dia após dia, se desesperavam mais. Enquanto isso, comiam o que encontravam e bebiam água da chuva quando ela caía.

Depois de alguns dias, a sede era tanta que, desesperado, um deles tomou uma garrafa de combustível do avião e passou muito mal. Até a própria urina eles tentaram tomar, mas não conseguiram porque era muito salgada e amarga.

O piloto que tomara o combustível não resistiu e morreu dez dias depois. O outro conseguiu sobreviver por mais dois meses. Valendo-se de pedaços de papel que encontrava no avião, desde o primeiro dia ele começou a escrever uma espécie de diário relatando o drama que enfrentavam em cada um daqueles longos e intermináveis dias na mata. Escrevia sobre a saudade da família, da esposa, dos filhos, do sofrimento com a falta de água e de comida, chegando a dizer que **daria tudo o que possuía em troca de um simples prato de comida**.

No dia que considerava ser o último de sua vida, já que as forças lhe faltavam, escreveu despedindo-se dos familiares, esposa, filhos e amigos dizendo que os amava muito. O avião e os corpos dos pilotos foram encontrados cerca de quatro meses depois do acidente.

A falta de água e de comida que causou a morte desses dois pilotos também tira a vida de milhões de pessoas todos os anos.

— Nossa, Raul, muito triste mesmo o que aconteceu com eles: morrer de sede e de fome! — lamentou Maria Eduarda.

Os colegas concordaram.

— Quem mais gostaria de compartilhar o que escreveu? — perguntou Míriam.

— Posso, professora? — disse Carolina. — Eu também relatei um caso no meu texto. Ele é bem curtinho e foi contado pela minha tia Rute, que era diretora de uma escola municipal e hoje está aposentada. Ela foi em casa no fim de semana, e perguntei a ela se sabia de alguma história sobre a fome. Vou ler para vocês.

A IMPORTÂNCIA DA MERENDA ESCOLAR

Minha tia, Rute, era diretora de uma escola municipal que fica dentro de uma comunidade. Uma vez, enquanto observava os alunos do primeiro ano voltarem para a sala depois do recreio, ela escutou um menino falar para o colega:

— Aqui na escola é legal porque eu como todos os dias. Lá em casa nem sempre tem o que comer.

Tia Rute me explicou que existem alunos que vão para a escola com o principal objetivo de comer, uma vez que vivem em situação de insegurança alimentar, um conceito que vimos na aula de Geografia, com o professor Marcelo. Durante a pandemia, quando estávamos estudando em casa, muitas crianças passaram fome por não terem acesso à merenda escolar.

— É verdade, Carolina. Já ouvi relatos de colegas professores sobre alunos que chegaram a desmaiar de fome na sala de aula. É uma realidade muito triste. Obrigada por trazer esse tema à tona — agradeceu Míriam. — Mais alguém gostaria de ler seu texto para a turma?

Milena levantou a mão.

— Eu escrevi uma crônica com base em uma história que meu pai me contou. Quando falei que teria que escrever algo sobre a fome, ele se recordou de uma história que tinha lido tempos atrás e disse que talvez pudesse me ajudar. Conforme ele foi lembrando e me contando, fui escrevendo com as minhas palavras. Vou ler.

DESPERDÍCIO DE ALIMENTOS

Certa vez, recebi a visita de um amigo indígena que eu havia conhecido quando fui realizar uma campanha de vacinação em sua região.

No tempo em que esteve comigo, levei-o para visitar alguns pontos turísticos da cidade, como a Central de Abastecimento de Alimentos.

Os imensos corredores que percorríamos, abarrotados de caixas de frutas, verduras e legumes, deixaram meu amigo impressionado com a quantidade de alimento que era estocada ali. Expliquei a ele que os produtos vinham de várias partes do país e que, dali, eram distribuídos para abastecer os mercados de várias cidades.

Ao percorrer um dos corredores, uma cena nos deixou chocados: avistamos um menino com carinha de choro, sentado ao lado de uma banca de frutas. Meu amigo logo me perguntou:

— Por que o menino está ali?

— Acho que ele deve estar com fome.

— Mas, se está com fome, por que não pega alguma coisa para comer? Olha quantas caixas de fruta tem ao lado dele.

— Porque não pode.

— E por que não pode?

— Porque ele não tem dinheiro para pagar.

— Na aldeia onde eu moro é diferente. Lá, ninguém precisa de dinheiro para comer. Tudo que temos é repartido entre todos. Nenhuma criança passa fome.

— É, eu sei. Vi tudo isso quando estive lá.

— Você tem dinheiro?

— Tenho.

— Então vamos ver o que esse menino quer comer, porque isso me cortou o coração. Uma criança passar fome ao lado de tanta comida... Não entendo como uma cena dessas não causa mais revolta.

— Nossa! Fico pensando na quantidade de comida que deve ser desperdiçada nesse tipo de lugar... — refletiu Mariana.

— Tem razão, Mariana! — concordou Míriam, escrevendo na lousa "Desperdício de alimentos". — Esse será o tema da nossa próxima aula. — E, voltando-se para a colega, emendou: — Cláudia, amanhã você pode participar novamente da nossa aula?

— Claro! Não tenho nenhuma aula, mas virei com muito prazer para estar com vocês — respondeu, alegremente.

Combatendo o desperdício

No dia seguinte, como prometido, Míriam começou a aula com o tema que havia indicado:

— O desperdício de alimentos é muito grande, maior do que se imagina, e é lamentável, sobretudo quando há milhões de pessoas passando fome. — Depois de falar isso, ela fez uma pausa. — A gente sabe que esse desperdício acontece em diversas etapas, desde a produção até a distribuição e o consumo dos alimentos.

— Isso mesmo, professora — disse Lucas. — Sabe que eu conheço pessoas que deixam de comprar certos produtos só por causa da aparência deles, mesmo sabendo que poderiam ser aproveitados.

— O que importa é a qualidade do produto, e não a aparência — comentou Cláudia. — Frutas, legumes e vegetais são bastante perecíveis, ou seja, estragam fácil, é verdade, mas grande parte do que é jogado fora poderia ser perfeitamente aproveitada e doada para projetos sociais, por exemplo, se houvesse mais organização.

E continuou:

— Zilda Arns foi uma referência nesse assunto. Ela era médica e trabalhou na Pastoral da Criança, ajudando a salvar milhares de vidas ameaçadas pela desnutrição. Ela desenvolveu um projeto de nutrição infantil cuja base era uma mistura de produtos que costumavam ser descartados, como sobras de alimentos, casca de ovo, talos de legumes, folhas de mandioca e farelo de trigo. Zilda foi uma grande aliada no combate à fome e à desnutrição infantil no Brasil. Por causa disso, seu trabalho ganhou reconhecimento mundial.

— Professora, eu me interessei por esse assunto de aproveitar alimentos que costumamos jogar fora. Podemos tratar desse tema também? — pediu Lorenzo.

— Boa ideia! Vamos incluir isso na Semana da Alimentação, que tal? — comentou Míriam. — Falando nisso, pessoal, precisamos buscar organizações que atuam com pessoas em situação de rua ou que vivem em áreas carentes para pensarmos na distribuição dos alimentos!

— Bem lembrado, Míriam — disse Cláudia. — Podemos entrar em contato com pastorais que trabalham com esse público.

— Minha irmã tem uns amigos que são voluntários em projetos assim. Posso pegar os contatos com ela para combinarmos as doações! — propôs Luana.

O sinal soou, avisando o término de mais um dia de aula.

A Semana da Alimentação

O ano letivo foi passando, e os alunos foram desenvolvendo, em paralelo com outros temas, as atividades e os projetos previstos para a Semana da Alimentação.

Para a alegria de todos, finalmente o mês de outubro chegou. Mais especificamente, o dia 15 de outubro, véspera do Dia Mundial da Alimentação. Como o Dia dos Professores havia sido comemorado com antecedência, as atividades desse dia transcorreram normalmente.

A programação do evento, que iniciaria no dia seguinte, foi definida pelos próprios alunos, orientados pelos professores, e era composta de diversas manifestações artísticas e literárias cujo tema era a fome.

Os trabalhos dos estudantes foram espalhados pelas salas de aula, corredores e pátio da escola. Cartazes e painéis traziam informações sobre a fome, explicações sobre insegurança alimentar e seus diferentes níveis, e indicação de coletivos e organizações que faziam trabalho voluntário voltado a pessoas carentes na cidade.

Havia também faixas com trechos de músicas e poemas famosos que tratavam da fome e da desigualdade, além de uma exposição com releituras feitas pelos alunos de algumas obras de arte: *Os retirantes*, de Candido Portinari; o grafite do artista Paulo Ito, de São Paulo, que representa um menino chorando ao olhar um prato que tem uma bola em vez de comida; entre outras.

Alguns painéis traziam imagens de grandes referências no combate à fome: Herbert de Souza (o Betinho), Irmã Dulce, Madre Teresa de Calcutá e Zilda Arns. Faixas com mensagens como "A fome tem pressa!", "A fome não espera!", "Comida para todos!", "Sem comida não há vida!" e "Quem tem fome tem pressa!" estavam por toda parte.

Quando finalmente chegou o dia 16 de outubro, famílias e amigos de alunos, além de moradores do bairro, foram prestigiar o trabalho dos alunos e a programação que eles organizaram para a Semana da Alimentação. Alguns aproveitavam que iam levar as crianças à escola e passeavam pelas exposições, outros faziam isso na hora de buscá-las.

No intervalo das aulas, havia uma programação musical. Eram tocadas músicas como "A hora é agora", de Fátima Leão, e "O cio da terra", de Milton Nascimento e Chico Buarque. Os estudantes também organizaram a exibição de filmes e documentários, como *Histórias da fome no Brasil*, de Camilo Tavares, *Fome*, de Cristiano Burlan, e, para as turmas do Ensino Médio, *Garapa*, de José Padilha. Após cada exibição, acontecia uma sessão de debates.

Na biblioteca da escola, alguns livros selecionados sobre o tema estavam à disposição dos alunos e visitantes, entre eles: *Geografia da fome* e *Geopolítica da fome*, de Josué de Castro; *Raízes da fome*, organizado por Maria Cecília de Souza Minayo; *A fome*, de Martín Caparrós; entre outros.

Referências no combate à fome

Herbert de Souza – "Betinho" (1935-1997)

Nascido na cidade de Bocaiuva, em Minas Gerais, foi sociólogo e ativista dos direitos humanos. Fundou em 1993 o projeto Ação da Cidadania contra a Fome, a Miséria e pela Vida, que atuava no combate à fome e ao desemprego por meio de ações de democratização da terra. É dele a impactante frase: "Quem tem fome tem pressa", que se tornou *slogan* de campanhas nacionais de arrecadação de alimentos.

Josué de Castro (1908-1973)

Nascido no Recife, em Pernambuco, exerceu inúmeras profissões ao longo da vida: médico, nutrólogo, professor, geógrafo, cientista social, político, escritor e ativista. Seu nome é lembrado nacional e internacionalmente pela importância que teve nas pesquisas sobre a fome no mundo. Uma de suas obras, *Geografia da fome*, inaugurou conceitos amplamente utilizados em estudos e análises geopolíticas da fome, elaborando o considerado "primeiro mapa da fome no Brasil".

Madre Teresa de Calcutá (1910-1997)

Seu nome de registro é Anjezë Gonxhe Bojaxhiu. Albanesa naturalizada indiana, era missionária e fundou a Congregação das Missionárias da Caridade, atendendo aos "mais pobres dos pobres", como dizia o lema da congregação. Em razão de seu trabalho humanitário na Índia, tornou-se símbolo mundial da luta contra a miséria. Foi canonizada em 2016 pelo Papa Francisco.

Zilda Arns (1934-2010)

Nascida na cidade de Forquilhinha, em Santa Catarina, foi médica pediatra e sanitarista e teve um papel muito importante no combate à fome no Brasil. Irmã de Dom Evaristo Arns — arcebispo da cidade de São Paulo entre 1970 e 1998, reconhecido por seu trabalho em prol dos direitos humanos —, trabalhou sobretudo com crianças em situação de insegurança alimentar. Fundadora e coordenadora da Pastoral da Criança e da Pastoral da Pessoa Idosa, considerava fundamental a democratização da informação, por meio da educação, para combater a desnutrição, a mortalidade infantil e a violência. Morreu durante uma visita humanitária ao Haiti, vítima de um violento terremoto.

Irmã Dulce (1914-1992)

Maria Rita de Sousa Brito Lopes Pontes é seu nome de batismo. Nascida em Salvador, na Bahia, foi freira e a primeira mulher brasileira a se tornar santa. Sua canonização foi anunciada em 2019, pelo Papa Francisco, quando passou a ser chamada "Santa Dulce dos Pobres". Seu trabalho de assistência aos mais necessitados foi reconhecido mundialmente. Uma de suas principais obras filantrópicas foi a construção do Hospital Santo Antônio, em Salvador, além do Centro Educacional Santo Antônio, na cidade de Simões Filho, na Bahia, que abriga centenas de crianças e adolescentes. Foi indicada ao Nobel da Paz em 1988.

No final das aulas, grupos de alunos, acompanhados de seus professores, divulgavam a programação da Semana da Alimentação em pontos de ônibus, unidades de saúde e no comércio local. Outros estudantes postavam a programação diária nas redes sociais, além dos vídeos que tinham produzido, com mensagens sobre a fome.

Na entrada da escola foi montada uma tenda. Ali eram recebidos cestas básicas e alimentos em geral, doados por toda a comunidade escolar, que depois seriam distribuídos a comunidades carentes.

O sarau literário

No último dia da Semana da Alimentação, foram distribuídas pelo pátio da escola cadeiras para a realização do sarau literário, cujas apresentações seriam à noite, com a presença de familiares, amigos e moradores do bairro.

A escola estava linda! O pátio, repleto de alunos e visitantes.

No horário marcado, os professores Marcelo, Míriam e Cláudia subiram ao palco que havia sido montado e explicaram para a plateia todo o envolvimento dos estudantes com o tema. Falaram de como as turmas estavam engajadas e buscando soluções para o problema da fome na região.

Os alunos cujas produções de texto haviam sido selecionadas também subiram ao palco. Por ordem alfabética, cada um deles leu o texto que produziu.

Depois de a última aluna terminar a leitura, muito aplaudida por toda a plateia, a professora Míriam se aproximou do microfone e deu um aviso:

— Agora, para fechar a primeira edição da Semana da Alimentação na escola, convidamos os alunos novamente para declamarem um trecho de um poema muito sensível sobre a fome.

Os alunos deram um passo à frente e começaram a declamar, em forma de jogral, um trecho do poema "Fome", de Bráulio Bessa.

Fome

[...]
**Continuei sem saber
do que é que a fome é feita,
mas vi que a desigualdade
deixa ela satisfeita.**
Foi aí que eu percebi:
por isso que eu não a vi
olhei pro lugar errado
ela tá em outro canto
entendi que a dor e o pranto
eram só seu resultado.
**Achei seus ingredientes
na origem da receita,
no egoísmo do homem,
na partilha que é malfeita.**
E mexendo um caldeirão
eu vi a corrupção
cozinhando a tal da fome,
temperando com vaidade,
misturando com maldade
pro pobre que lhe consome.
[...]

Bráulio Bessa. Fome. *In*: BESSA, B. **Poesia que transforma**. Rio de Janeiro: Sextante, 2018.

Em seguida, a diretora da escola tomou a palavra:

— Queridas e queridos, não poderia dar por encerrada a nossa brilhante Semana da Alimentação sem deixar de repassar uma breve mensagem.

Então ela colocou os óculos e começou a ler:

Sabemos que a fome é uma triste realidade e que, mesmo estando exposta diante de todos, continua firme, sem dar trégua, ceifando milhares de vidas mundo afora.

Pode ser que haja quem pense que acabar com ela seria uma utopia. Por sorte, nossa comunidade escolar não pensa assim. A humanidade sempre soube resolver seus problemas às vezes considerados insolúveis. Albert Einstein costumava dizer que é justamente nos momentos de crise que grandes descobertas acontecem. A pandemia escancarou o cenário da extrema pobreza e o peso da fome na vida de milhões de brasileiros. Espero que consigamos derrotar esse flagelo que assola grande parte da humanidade e que não sejamos meros espectadores diante de uma realidade tão cruel.

A fome não existe por si só, ela é uma consequência de outros fatores. Se realmente queremos erradicá-la, temos que acabar com todas as causas que a provocam. Diante de um problema tão grave, não podemos ficar parados. Todos podem fazer alguma coisa.

Depois de ler o texto que havia preparado, a diretora continuou:
— Como diretora desta escola, gostaria de celebrar a sensibilidade e o envolvimento dos nossos alunos diante desse problema tão grave. Com certeza, estamos apostando na educação como uma ferramenta de transformação social. Obrigada a todos e todas que vieram prestigiar nosso evento e, mais do que isso, que doaram alimentos e se envolveram neste projeto. Esta foi a primeira edição da Semana da Alimentação, mas a primeira de muitas! — garantiu a diretora.

Epílogo

Ao final do evento, a tenda na entrada da escola estava repleta de cestas básicas e alimentos. Somadas, as doações chegaram a bater duas toneladas!

Na segunda-feira após a Semana da Alimentação, os alunos receberam uma visita inesperada na hora do intervalo.

Representantes de associações de moradores da cidade vieram parabenizá-los, assim como voluntários de organizações e coletivos que atuavam com pessoas carentes na região.

Sandro, um dos voluntários, ao saber da ação na escola e do resultado da campanha, fez questão de reunir os moradores para conhecerem aqueles alunos tão dedicados.

Convocados para o pátio, os estudantes se sentaram no chão.

Sandro tomou a palavra:

— Fiquei muito tocado ao ver a ação de vocês, feita coletivamente e por pessoas tão jovens — afirmou, emocionado. — Tomei conhecimento da iniciativa e já mapeei famílias de vários bairros da cidade que certamente se beneficiarão com esses alimentos arrecadados.

Alunos, professores e funcionários bateram palmas e se abraçaram, orgulhosos do resultado do trabalho que realizaram. A Semana da Alimentação na escola com certeza tinha vindo para ficar.

Sobre o autor

Americana é uma bela cidade situada a cerca de 130 quilômetros da capital do estado de São Paulo. Foi lá que nasci, no dia 1º de maio de 1942. Atualmente, vivo em São Paulo, capital, com minha família.

Sou formado em História, Geografia e Pedagogia. Grande parte da minha vida dediquei ao magistério, como professor de Geografia. Hoje, escrevo e visito escolas interagindo com meus leitores. Minha experiência como escritor começou aos 14 anos, quando escrevi meu primeiro livro, mas foi bem mais tarde que comecei a me dedicar inteiramente a essa atividade. Hoje, tenho mais de cinquenta livros publicados, muitos deles pela FTD.

Para saber mais, acesse o *site*: www.fernandocarraro.com.br

Sobre o ilustrador

Bernardo França (1982) é ilustrador, diretor de arte, *scriber* e cenarista de animação. É coautor do livro infantil sobre patrimônios *São Paulo é Legal!* e seus traços já ilustraram livros de grandes editoras (Abril, Globo, Moderna, Saraiva, Panda Books), além de aparecerem frequentemente nas páginas de jornais e revistas (*Folha de S.Paulo*, *Piauí*) e em cenários de animações de estúdios como Toscographics, Cartunaria, Mol Toons e Split Filmes.

Para conhecer os trabalhos desse artista, acesse o *site*: www.behance.net/delaburns

Produção gráfica
FTD educação
GRÁFICA & LOGÍSTICA
Avenida Antônio Bardella, 300 - 07220-020 GUARULHOS (SP)
Fone: (11) 3545-8600 e Fax: (11) 2412-5375

Acesse o catálogo online de literatura da FTD Educação

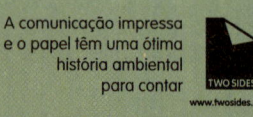

A comunicação impressa e o papel têm uma ótima história ambiental para contar
TWO SIDES
www.twosides.org.br